LE 16 MARS

Lettre à un Maire de la Mayenne

PAR

LE DUC D'ABRANTÈS

PARIS

AMYOT, ÉDITEUR, 8, RUE DE LA PAIX

Avril 1874

Monsieur le Maire,

Vous m'avez demandé, au nom de plusieurs de vos confrères, empêchés comme vous par la circulaire de M. de Broglie, d'aller saluer en Angleterre l'Héritier des Napoléon, vous m'avez demandé de vous renseigner sur ce qui s'est passé le 16 mars à Chislehurst. Quel a été le caractère de cette réunion solennelle? Comment est le Prince Impérial? Avons-nous un Empereur ? Telles sont les questions que vous m'avez adressées et qui me parviennent chaque jour de tous les points de notre département.

L'intérêt, que vous et nos concitoyens de la Mayenne portez à vous renseigner sur la solennité du 16 Mars, est une preuve touchante de l'attachement de notre pays à la Dynastie Impériale. Il est aussi un signe certain des préoccupations et des espérances du moment actuel.

Je veux donc répondre de la façon la plus complète à vos questions; je viens vous rendre compte de tout ce qui s'est passé, de tout ce que j'ai vu et entendu durant notre séjour à Chislehurst.

Vous savez, Monsieur, comment la pensée de ce voyage a pris naissance parmi nous:

Au mois de janvier dernier, un grand nombre de personnes avaient exprimé le désir de présenter leurs hommages à l'auguste veuve et à l'héritier de l'Empereur, S.

M. l'Impératrice, tout entière à sa douleur, avait préféré passer dans la retraite, seule avec le Prince Impérial, ce douloureux anniversaire du 9 janvier.

Cependant Sa Majesté avait été trop sensible aux témoignages de respectueuse sympathie, qui lui avaient été adressés de toutes parts, pour ne pas désirer recevoir les nombreux amis de son infortune et leur exprimer sa gratitude. Le jour de naissance du Prince Impérial semblait indiqué pour cette réunion intime.

Mais le 16 Mars 1874 était là date fixée par les constitutions de l'Empire pour la majorité de l'héritier du trône. Les circonstances vinrent donner à ce fait une importance toute particulière.

Le sentiment public, lassé d'un état provisoire qui énerve le pays, découragé à la suite de toutes les tentatives infructueuses faites par les différents partis pour constituer un gouvernement définitif, le sentiment public fut frappé de cette pensée qu'un Napoléon était parvenu à l'âge d'homme et allait entrer dans le plein exercice de ses droits de Français, de ses devoirs de Prince.

Chacun comprit qu'une ressource nouvelle se présentait au pays, alors que toutes les autres solutions avaient échoué.

Aux époques tranquilles, l'imagination populaire se laisse aisément entraîner par les théories séduisantes, par les utopies sociales. Au contraire, dans les jours de crises le peuple rejette toutes les illusions et cherche dans le domaine de la pratique l'instrument de son salut. Alors, il reconnaît instinctivement la nécessité d'une force protectrice de son bien-être et gardienne de ses droits. Et comme les masses veulent toujours personnifier leurs idées dans un homme, la France se tourne vers cette dynastie des Napoléon, qui par ses grandeurs, sa gloire et sa puissance, semble être l'incarnation du principe d'autorité dans la société moderne.

C'est là ce qui est arrivé après 93, après 1848, et ce qui semble se reproduire aujourd'hui.

Le duc de Broglie discerna de suite la nouvelle impulsion que la prochaine majorité du Prince imprimait au mouvement impérialiste. Il chercha les moyens de résister au courant; mais il ne vit au-dessus de lui qu'un homme fait Duc et Maréchal par l'Empereur, et au-dessous de lui qu'une chambre impuissante depuis trois ans à remplacer l'Empire.

C'est alors qu'effrayé, incertain, ému, le Président du Conseil publia cette circulaire qui vous interdisait le voyage de Chislehurst et qui en réalité était la reconnaissance et la proclamation officielle de la majorité du Prince Impérial.

Ainsi, par la force des choses, comme par le fait de nos adversaires, la réception du 16 Mars se trouva transformée en un événement politique.

Dans tous les départements, un grand nombre de personnes se préparèrent à passer la mer, pour aller affirmer solennellement devant le tombeau de l'Empereur le principe de la souveraineté du peuple.

Un mouvement aussi considérable ne pouvait se passer d'une direction sage et efficace, car on avait à redouter les entraînements du patriotisme, les difficultés du voyage et surtout les provocations des partis hostiles.

On institua donc un comité, sous la présidence du duc de Padoue, qui fut chargé de rechercher les moyens de déplacements, de s'entendre avec les compagnies de chemins de fer pour éviter les encombrements dans les gares, de diriger la manifestation et de la contenir dans les limites fixées par l'ordre public et le respect de la loi.

Hâtons-nous de le dire, le comité sut accomplir cette tâche difficile avec tact et intelligence. Dans l'espace de quelques jours, une foule d'environ sept mille personnes fut transportée en Angleterre de tous les points de la France sans donner lieu au plus léger désordre.

Des milliers d'adresses, revêtues de nombreuses signatures, furent en même temps expédiées en Angleterre, ainsi que les cartes des fonctionnaires retenus en France par la circulaire de M. de Broglie.

Dans toutes les classes de la société, on a pu remarquer un égal empressement à donner au fils de l'Empereur des témoignages de respect et de fidélité. Nous avons vu des ouvriers se réunir par groupes et se cotiser pour envoyer un des leurs à Chislehurst.

Malheureusement le prix élevé du voyage de Londres a été pour bien des personnes un obstacle insurmontable. M. de Broglie, désireux de multiplier les difficultés, empêcha les compagnies de chemins de fer d'organiser des trains à prix réduits. D'un autre côté, le comité se trouvait dans l'impossibilité de fournir le plus léger secours en argent.

Le parti Impérialiste est pauvre. Il n'a pas comme les princes d'Orléans trouvé le moyen de recueillir cinquante millions dans les désastres de la patrie. Mais il a le droit d'être fier de sa pauvreté, car c'est un grand titre de gloire pour les hommes d'État de l'Empire d'avoir quitté le pouvoir sans fortune après avoir répandu pendant vingt ans la richesse et la prospérité dans leur pays.

Durant les journées des 13, 14 et 15 mars, les visiteurs de Chislehurst arrivèrent à Londres.

Ce n'était pas la première fois que l'Angleterre voyait des Français se réunir sur son sol hospitalier pour apporter leurs hommages fidèles au représentant de leur foi politique.

En novembre 1843, les légitimistes étaient venus saluer dans la personne du comte de Chambord l'héritier du droit divin. Sept ans plus tard, les funérailles du Roi Louis-Philippe réunissaient à Claremont les amis de la branche cadette. Mais combien différentes étaient ces deux manifestations de celle du 16 mars 1874.

A peine quelques grands seigneurs de l'ancien régime avaient-ils répondu à l'appel du comte de Chambord, et leur nombre était tellement restreint qu'ils purent tous se réunir dans un salon particulier de Belgrave-Square. Deux hommes illustres, Chateaubriand et Berryer avaient seuls apporté l'éclat de leur génie, de leur foi, de leur dévouement à cette touchante solennité d'une cause qui expire.

La fidélité chevaleresque, qui donna un certain caractère de grandeur à la manifestation de Belgrave-Square, ne se retrouva pas dans celle de Claremont. Il manquait aux orléanistes ces convictions profondes qui soutiennent dans l'adversité. Les serviteurs de Louis-Philippe, réunis au nombre de quarante-neuf autour du cercueil de leur ancien maître, semblaient plutôt venus pour prendre congé du comte de Paris que pour affirmer leur attachement à sa dynastie. En effet, dès le lendemain, M. Dupin venait solliciter les faveurs de l'Empire, et M. Thiers s'occupait de renouer les intrigues qui devaient édifier sa propre fortune.

Le 16 mars, au contraire, ce n'étaient pas les quelques débris d'un autre âge, ce n'étaient pas quelques serviteurs d'une monarchie accidentelle, c'était le peuple, c'étaient les ouvriers des villes, les paysans des campagnes, les commerçants, les industriels qui, mêlés aux ministres, aux sénateurs, se pressaient en foule autour de Camden-Place.

Il est naturel que les hommes qui ont reçu des distinctions d'un gouvernement viennent apporter à son représentant dans l'exil les témoignages de leur reconnaissance, mais l'affluence des classes moins élevées de la société, de celles qui n'ont ni faveurs à reconnaître ni bienfaits à espérer, voilà le caractère distinctif des manifestations impérialistes. C'est là un indice certain des racines profondes que l'Empire a jetées dans notre pays.

Et, si on pénètre dans cette foule composée d'éléments aussi hétérogènes, on est frappé de la cordialité des rapports qui existent entre les représentants des différentes classes de la société. C'est que parmi les amis de l'Empereur, il n'y a ni distinctions de castes, ni distinctions de rangs. Tous se sentent élevés au même niveau par le sentiment qui les inspire, par la grandeur du but qu'ils poursuivent. Le plus humble ouvrier sait qu'il tenait la même place que les plus puissants dans le cœur et dans la pensée de l'Empereur. Bien différente de la noblesse royaliste, l'aristocratie Impériale se souvient avec fierté qu'elle est sortie du peuple, qu'elle a été créée pour le défendre, qu'elle a les mêmes intérêts, les mêmes besoins, les mêmes ennemis que lui.

Des trains spéciaux se succédant de quart d'heure en quart d'heure transportèrent dans la matinée du 16 tous les visiteurs français à Chislehurst. Une foule immense d'Anglais stationnait aux environs de Camden-Place. La station du chemin de fer, toutes les maisons de campagne étaient ornées de bouquets de violettes et de drapeaux tricolores.

Tout le monde s'était réuni à la chapelle Sainte-Marie pour commencer cette journée en invoquant la Providence en faveur du jeune Prince qui entrait dans l'âge viril. A onze heures, l'Impératrice et le Prince Impérial arrivèrent à l'église. Ils étaient accompagnés des Princes Murat, de M. Rouher, du duc de Bassano, des officiers de la maison Impériale.

Sa Majesté et son Altesse Impériale furent reçus à l'entrée de l'église par le père Goddard, le vénérable curé de Chislehurst, si justement célèbre en Angleterre par son érudition et sa piété. L'Impératrice s'agenouilla sur un prie-Dieu et le Prince se plaça à sa droite laissant au milieu le fauteuil vide de l'Empereur.

La chapelle où repose Napoléon III avait été ouverte; et, du fond de son tombeau, l'Empereur semblait présider cette réunion des membres de sa famille et de ses amis fidèles.

La messe fut célébrée par l'abbé Lainé, aumônier des Tuileries. Aussitôt après, le père Goddard, se tournant vers l'assistance, prononça ces quelques paroles que nous traduisons du *Times* :

« Il est bien étrange, bien digne des plus émouvantes mé-
« ditations le spectacle qui à cette heure s'accomplit sous
« nos regards attendris. Pourquoi dans cette maison de Dieu,
« d'ordinaire si solitaire, pourquoi tant de pieux visiteurs

« se sont-ils assemblés en foule ? Quelle puissance dans le
« passé, quelle espérance dans l'avenir inspire à ces repré-
« sentants d'une grande nation ce dévouement enthousiaste
« qui leur fait franchir les mers et surmonter tous les
« obstacles pour se réunir pieusement dans cette église?

« Levez les yeux, mes frères, et vous vous trouverez en
« face d'un tombeau. Un homme illustre y est enseveli.
« Avait-il dépassé le terme ordinaire de la vie humaine? Ses
« forces étaient-elles épuisées ? Ses facultés étaient-elles
« éteintes ? Non. Il a été écrasé sous le poids des plus cruelles
« amertumes, des plus épouvantables calamités et par des-
« sus tout par l'ingratitude et par les haines les plus impla-
« cables.

« Si l'Empereur est tombé, il est tombé non par la vo-
« lonté de la France, mais par le fait des ennemis de la
« race humaine qui ont osé tenter l'insurrection la plus
« criminelle qui fut jamais, l'insurrection en présence de
« l'ennemi victorieux.

« Et cependant la noble victime qui a succombé à ces
« terribles épreuves s'est montrée toujours bonne, toujours
« compatissante, toujours prête à protéger les faibles et à
« secourir ceux qui souffraient. Jamais cette nature d'élite,
« même sous le poids de ses plus cruels souvenirs, n'a
« cédé à la tentation de confondre ses ennemis qui pou-
« vaient être si facilement démasqués.

« Je sais, continua le Prédicateur, que je n'apprends rien
« à personne dans cette auguste assemblée; car aucune
« occupation n'a été plus chère à votre patriotisme, que
« l'étude de tous les faits qui montreront aux générations
« futures comment Napoléon III a donné à la France la

« grandeur et la gloire pendant de longues et heureuses
« années. La vérité commence à se faire jour, et l'histoire
« dont le jugement est tardif, mais qui déjà juge avec
« équité, place dès à présent l'Empereur au premier rang
« parmi les hommes les plus grands et les plus magna-
« nimes. Il y a deux jours seulement, le *Times*, le journal
« qui possède la plus grande publicité dans le monde entier,
« disait, en parlant de l'Empereur : « Napoléon III s'est
« montré non-seulement le premier, mais le seul véritable
« homme d'Etat que la France ait eu dans cette génération. »

« Il fut plus, mes frères, il fut un Empereur chrétien, le
« protecteur et le défenseur de cette grande Eglise catho-
« lique dont je suis l'humble serviteur et dont l'honneur
« m'est plus cher que la vie.

« C'est l'Empereur qui a donné au clergé et aux ordres
« religieux cette liberté de l'enseignement qui leur a permis
« de préserver notre génération de l'athéisme et de la cor-
« ruption. C'est lui qui dans toutes les villes de la France
« a restauré et embelli nos églises. C'est lui qui pendant de
« longues années a mis une digue au torrent révolution-
« naire. Et si à la fin l'Eglise a souffert, elle a souffert
« malgré et en dépit de la volonté de l'Empereur. Voilà les
« souvenirs qui ont réuni aujourd'hui un si grand nombre
« de Français autour du tombeau de Napoléon.

« Tournons maintenant nos yeux vers l'avenir. L'Empe-
« reur a laissé un fils, un prince né sur les marches du plus
« illustre des trônes avec un droit à l'héritage d'une des
« premières couronnes souveraines. Il était dans les desseins
« de la Providence de soumettre ce prince aux plus terri-
« bles épreuves. Mais l'adversité ne fait que fortifier les

« natures viriles. Luttant énergiquement contre les décou-
« ragements de l'exil, travaillant sans cesse à se rendre
« digne des hautes destinées qui l'attendent, le Prince qui
« vient aujourd'hui s'agenouiller devant le Dieu qui seul
« fait prospérer les plus grandes comme les plus petites
« entreprises, ce Prince est prêt, quand viendra le jour
« marqué par la Providence, à porter à un peuple aimé de
« tous les bienfaits de l'ordre public et d'un gouvernement
« sage. C'est ainsi qu'il sera l'instrument béni de la misé-
« ricorde divine. »

Se tournant alors vers l'Impératrice, vers cette malheu-
reuse femme agenouillée entre ce tombeau qui renferme
tout ce qu'elle a connu d'affection, de dévouement, de grandeur et de gloire, et ce jeune Prince, qui est aujourd'hui
son unique consolation et sa dernière espérance, le prédicateur ajouta :

« Et vous, madame, qui avez été éprouvée comme l'or
« par le feu, ne laissez abattre ni votre courage ni votre
« patience et vous sortirez de vos martyres plus glorieuse
« que jamais. L'œuvre à laquelle vous vous êtes consacrée
« avec un tel dévouement est aujourd'hui accomplie, vos
« sublimes exemples et vos sages conseils ont porté leurs
« fruits. Daignez encore une fois joindre vos prières aux
« nôtres et demandons au Dieu tout-puissant de bénir nos
« plus chères espérances. »

Ce touchant éloge de l'Empereur, prononcé par celui qui
fut le témoin quotidien de sa longue agonie et le dernier
confident d'une âme abreuvée d'amertume, ce langage, si
plein de cœur et de conviction, produisit une impression
profonde sur tout l'auditoire.

Ces paroles, d'ailleurs, n'étaient pas seulement l'hommage d'un ami fidèle, elles étaient l'expression des sentiments de la majeure partie du clergé à l'égard de Napoléon III. Elles rappelèrent à chacun de nous la vive sympathie que l'Empereur a rencontrée parmi les catholiques anglais, et surtout les nombreux témoignages d'affection que le Pape ne cesse de prodiguer au Prince Impérial.

A la fin de la messe, l'Impératrice et le Prince vinrent s'agenouiller devant le tombeau de l'Empereur. Puis ils quittèrent l'Eglise au milieu des acclamations d'une foule immense d'Anglais et de Français qui leur firent cortége jusqu'à Camden-Place.

Au-dessus de la maison qui est devenue l'humble retraite des hôtes des Tuileries flotte le drapeau de la France. Ses trois couleurs nous rappellent toutes les gloires et les prospérités Impériales ; elles étaient à Austerlitz, à Iéna et à Solférino, aussi sont-elles inséparables du souvenir de Napoléon.

Il est midi, les visiteurs sont réunis dans le parc ; un soleil radieux éclaire le paysage : « C'est le temps de l'Empereur » me dit un ouvrier faisant allusion à cette touchante superstition du peuple de Paris, qui croit que le soleil doit toujours briller pour les fêtes de l'Empire.

Les groupes se forment, les conversations commencent. L'enthousiasme, la confiance dans l'avenir, la volonté qui triomphe des événements se manifestent dans le langage de tous.

M. Rouher se présente sur le perron, il est chaleureusement acclamé. L'ancien ministre d'Etat n'est point changé ; sa robuste nature a résisté aux épreuves, aux déceptions.

Peu d'hommes ont subi plus d'injustices et plus d'ingratitudes que M. Rouher ; mais peu d'hommes auront une plus belle page dans l'histoire de leur pays ; c'est lui qui, d'accord avec l'Empereur, a fait la prospérité de la France par le Libre-Echange ; c'est lui qui voulait la conserver par la paix avec l'Allemagne.

En effet, en 1866, M. Rouher engageait la France à ne pas intervenir en Allemagne et à conserver de bons rapports avec la Prusse. Malheureusement les excitations de M. Thiers et des avocats Jules Favre, Simon, Garnier-Pagès, qui répétaient que la France était humiliée et devait combattre la Prusse, ont fini par prévaloir et ont produit cette guerre désastreuse que la politique de M. Rouher nous aurait évitée.

Presque chacun des anciens fonctionnaires que je rencontre me rappelle un des bienfaits que l'Empire a répandus dans le pays. Ici, c'est un de ces Préfets qui ont rétabli l'autorité dans les départements, qui ont ramené la régularité dans les services administratifs et présidé à la confection de cet admirable réseau de chemins vicinaux, destiné à tripler la richesse de nos campagnes. Là, c'est un ministre qui a doté la France de ces lignes de navigation qui la mettent en rapport avec tous les pays du globe. Plus loin, ce sont les conseillers d'Etat qui ont créé notre jurisprudence administrative....

Et ainsi, l'une après l'autre, les grandes œuvres de l'Empire me reviennent à l'esprit : nos chemins de fer construits, Paris transformé, devenu la plus belle cité du monde, la France reliée à l'Italie par le percement du Mont-Cenis, nos ports de mer agrandis et mis en rapport avec les progrès de la navigation, la route des Indes ouverte par l'Isthme de Suez, et tant d'autres travaux immenses qui resteront comme les témoignages impérissables du règne de Napoléon III.

Ce n'est pas tout, c'est encore l'Empire qui a affranchi les ouvriers de la tutelle que les autres gouvernements leur imposaient. C'est l'Empire qui a créé les sociétés de secours mutuels, multiplié à l'infini les institutions de bienfaisance, construit des écoles dans la plupart des communes et amélioré le sort des instituteurs.

C'est l'Empire qui a donné l'aisance aux paysans, et qui chaque année augmentait la richesse de la France de *trois milliards*.

De tels souvenirs suffisent à expliquer pourquoi tant de Français entourent aujourd'hui le Prince Impérial.

L'émotion est grande dans la foule, on attend avec impatience le discours que le Prince va prononcer. On sait que ce discours a été lu la veille devant les anciens ministres de l'Empereur réunis au conseil; on sait que la délibération a duré plus d'une heure, que le Prince a défendu ses idées avec une maturité et une fermeté dont ses conseillers ont été frappés, et que S. A. s'est refusée à toute modification importante. Aussi la curiosité est-elle vivement surexcitée.

À ce moment, une jeune femme traverse la foule. Devant elle tous les fronts se découvrent, c'est la maréchale Canrobert. L'illustre maréchal, retenu en France par ses devoirs militaires, a voulu néanmoins donner un témoignage public de son dévouement inébranlable au Prince Impérial. Il s'est fait représenter à Chislehurst par cette digne compagne de ses gloires, qui a été pendant la guerre la providence des blessés, comme il était lui l'idole des soldats.

Enfin, les portes de la maison s'ouvrent. Le Prince Impérial ét l'Impératrice, accompagnés des ministres et des grands dignitaires de l'Empire, se dirigent vers une immense tente dressée dans le jardin.

La démarche du Prince est ferme et résolue; l'hésitation de l'adolescence a tout à fait disparu. C'est un homme qui se présente devant nous.

Le Prince est en habit noir et porte en sautoir le grand cordon de la Légion d'honneur. Sa taille est plus élevée que celle de l'Empereur. Ses traits sont réguliers, un peu accentués, comme toujours chez les natures fortes. Son œil bleu a la douceur bienveillante du regard de Napoléon III, mais par moments il s'anime et prend une expression d'énergie extraordinaire.

La physionomie du Prince rappelle celle de l'Empereur avec une fidélité étonnante, mais ses traits ont plus de rapports avec la beauté de sa mère.

L'Impératrice prend place auprès du Prince Impérial sur l'estrade qui leur a été réservée.

La souveraine, qui fut pendant vingt ans l'éblouissante personnification de la société française, se présente aujourd'hui, dépouillée des splendeurs de son règne, avec le seul prestige de son courage, de ses vertus, de son infortune. Toujours gracieuse, toujours belle sous ses longs voiles de deuil, l'Impératrice porte sur ses traits la trace des émotions qui agitent son âme à cette heure solennelle. Son regard attendri s'arrête avec orgueil sur ce Fils qu'elle a donné à la France, qu'elle lui a conservé, qu'elle a soutenu de ses conseils, de sa tendresse, de ses exemples et de son énergie pendant les plus cruelles épreuves et qu'elle nous présente aujourd'hui comme le digne successeur de l'Empereur, comme le dernier espoir de notre salut.

Ah! jamais l'Impératrice n'a paru plus grande qu'à cet instant, où présentant le Prince aux délégués de la France, elle semblait nous dire dans son abnégation sublime :

« Ma mission est accomplie, je vous ai donné un Empereur. Conduisez-le à la gloire pendant que je resterai à pleurer auprès du tombeau de son père. »

L'Assemblée, émue, comprit ce qu'il y avait de grandeur dans l'attitude de la souveraine, et un long cri de : « Vive l'Impératrice » vint saluer la mère du Prince Impérial.

Le duc de Padoue s'avança alors vers le Prince :

« Monseigneur, » dit-il, mais les acclamations l'empêchèrent de continuer. « Vive l'Empereur, vive Napoléon IV, » répétait la foule dans le délire de l'enthousiasme.

Lorsque le silence fut rétabli, le duc reprit :

« Monseigneur,

« Notre premier hommage était dû à l'Empereur. La prière nous a réunis autour de son tombeau ; nous nous sommes rappelés cette grande âme, à laquelle le rang suprême n'avait enlevé aucune de ses exquises délicatesses et que l'infortune avait laissée noble et sereine.

« Oublieux des ingratitudes, dédaigneux des haines, l'Empereur n'a jamais, après tant de désastres subis, fait tomber une seule parole amère de ses lèvres attristées.

« Nous qui l'avons connu, nous l'avons bien aimé, Monseigneur, et cette affection est notre premier lien avec vous, qui portez si haut les sentiments de la piété filiale.

« Des divers points du territoire; nous nous sommes donné rendez-vous au jour anniversaire de votre naissance ; ceux qui n'ont pu venir vous ont adressé les témoignages de leur fidélité.

« Permettez-moi, Monseigneur, de préciser en peu de mots, le caractère vrai de cette réunion.

« Les partis de France propagent leurs doctrines et cherchent à en hâter le triomphe; nous ne pouvions garder le silence : la cause impériale occupe une trop grande place dans le pays.

« Résolus à ne pas franchir les limites de la loi, nous avons le droit de rappeler le passé, de nous interroger sur les aspirations de notre patrie et de proclamer nos croyances devant le représentant d'une dynastie qui, en ce siècle, a occupé le trône pendant plus de trente années.

« Il y a dix-huit ans, Monseigneur, le peuple français acclamait votre naissance; l'Europe, réunie au Congrès de Paris, s'associait à ses joies et à ses espérances. Vous receviez le titre d'Enfant de France.

« Aujourd'hui, si la tempête n'avait pas arrêté le cours de la volonté nationale, les constitutions de l'Empire remettraient entre vos mains les destinées du pays.

« Au contraire, depuis trois années, les tentatives pour constituer un gouvernement définitif naissent et meurent dans l'impuissance. La nation, tout en se confiant à la loyauté du maréchal de Mac-Mahon, qui a la garde temporaire de ses intérêts, est inquiète sur son avenir, et l'activité nationale est en souffrance.

« La sécurité ne peut être reconquise que par la loyale et libre expansion de la volonté de tous s'imposant au patriotisme de chacun.

« Quel gouvernement choisira le suffrage universel exerçant son indiscutable souveraineté ?

« La France est démocratique, mais elle veut l'ordre et l'autorité. La République n'a jamais été pour elle qu'une intermittence ou une transition; elle ne lui a été imposée que par la terreur, une insurrection triomphante ou un attentat commis sous les yeux et au profit de l'ennemi.

« La dynastie des Napoléon a été choisie dans les rangs du peuple, pour représenter et garantir les intérêts et les droits de notre société moderne. Fondée, relevée, soutenue par d'innombrables suffrages, elle est l'élue, non d'une classe, mais de la nation entière.

« Ce sont là vos titres, Monseigneur, et cette nation qui les a écrits de sa main ne saurait les oublier.

« Ceux qui la disent versatile et révolutionnaire la calomnient. Sans doute, les surfaces sont facilement agitées par les vents contraires, et notre sort n'a été que trop de fois à la merci de l'émeute.

« Mais la foi politique du peuple est comme sa religion : elle n'est un instant courbée par l'orage que pour se relever plus ardente et plus fière. Nous sommes nombreux autour de vous, Monseigneur, mais mille fois plus nombreux sont ceux qui, sur la terre française, célèbrent le 16 mars par leurs vœux et leurs prières.

« Attendez donc avec confiance. Personne n'arrêtera le courant national; vivez les heures de l'exil dans le recueillement et le travail, entouré des tendresses d'une mère dont le courage et la patriotique abnégation ont marqué la noble

place dans l'histoire : mais soyez prêt pour les desseins de
la Providence. »

Le Prince Impérial se leva à son tour. Le plus profond
silence se fit, chacun tendit l'oreille avec anxiété pour recueillir les premières paroles adressées à la France par celui
qui continuait l'Empire après l'Empereur.

Maîtrisant avec une rare énergie l'émotion qu'il éprouvait,
le Prince Impérial, répondit d'une voix forte qui fut enten-
due de tout l'auditoire.

Messieurs,

« En vous réunissant ici aujourd'hui, vous avez obéi à un
sentiment de fidélité envers le souvenir de l'Empereur, et
c'est de quoi je veux d'abord vous remercier. La conscience
publique a vengé des calomnies cette grande mémoire et
voit l'Empereur sous ses traits véritables.

« Vous qui venez des diverses contrées du pays, vous pouvez rendre ces témoignages : son règne n'a été qu'une constante sollicitude pour le bien de tous : sa dernière journée
sur la terre de France a été une journée d'héroïsme et d'abnégation.

« Votre présence autour de moi, les adresses qui me parviennent en grand nombre attestent combien la France est
inquiète de ses destinées futures : l'ordre est protégé par
l'épée du duc de Magenta, ancien compagnon des gloires et
des malheurs de mon père ; sa loyauté nous est un sûr ga-
rant qu'il ne laissera pas exposé aux surprises des partis le
dépôt qu'il a reçu. Mais l'ordre matériel n'est pas la sécurité.

« L'avenir demeure inconnu, les intérêts s'en effrayent, les passions peuvent en abuser.

« De là est né le sentiment dont vous m'apportez l'écho, celui qui entraîne l'opinion avec une puissance irrésistible vers un recours direct à la nation pour jeter les fondements d'un gouvernement définitif. Le plébiscite, c'est le salut et c'est le droit, la force rendue au pouvoir et l'ère des longues sécurités rouverte au pays ; c'est un grand part national sans vainqueurs ni vaincus, s'élevant au-dessus de tous pour les réconcilier.

« La France, librement consultée, jettera-t-elle les yeux sur le fils de Napoléon III ? Cette pensée éveille en moi moins d'orgueil que de défiance de mes forces. L'Empereur m'a appris de quel poids pèse l'autorité souveraine, même sur de viriles épaules, et combien sont nécessaires, pour accomplir une si haute mission, la foi en soi-même et le sentiment du devoir.

« C'est cette foi qui me donnera ce qui manque à ma jeunesse. Uni à ma mère par la plus tendre et la plus reconnaissante affection, je travaillerai sans relâche à devancer le progrès des années. Quand l'heure sera venue, si un autre gouvernement réunit les suffrages du plus grand nombre, je m'inclinerai avec respect devant la décision du pays. Si le nom des Napoléon sort pour la huitième fois des urnes populaires, je suis prêt à accepter la responsabilité que m'imposerait le vote de la nation.

« Telle est ma pensée ; je vous remercie d'avoir parcouru une longue route pour venir en recueillir l'expression.

« Reportez aux absents mon souvenir, à la France les vœux

de l'un de ses enfants : mon courage et ma vie lui appartiennent.

« Que Dieu veille sur elle et lui rende ses prospérités et sa grandeur ! »

La modération de ce langage, l'élévation des idées, le ton calme, l'accent convaincu avec lequel ces paroles furent prononcées firent une impression immense sur l'auditoire. Vous pouvez en juger, Monsieur, par l'effet que la lecture de le discours a produit dans la France entière.

Les applaudissements interrompirent plusieurs fois le Prince Impérial, et quand le fils de l'Empereur, déclarant réclamer non le trône mais les droits du peuple, prononça avec une conviction profonde cette parole si vraie : « Le plébiscite c'est le salut et c'est le droit » alors l'enthousiasme ne connut plus de bornes et il fallut longtemps avant que le silence fut rétabli.

Au milieu des applaudissements et des cris de « Vive l'Empereur ! » le Prince Impérial rentra dans la maison pour recevoir les députations.

Les délégués se réunissent dans le parc autour des poteaux qui portent le nom de leurs départements. Chaque groupe est introduit successivement auprès de Son Altesse Impériale, qui s'entretient quelques instants avec chacun des visiteurs.

Le défilé dure plusieurs heures. Pendant ce temps, les conversations reprennent dans le parc. Le discours est chaleureusement approuvé par tout le monde. L'enthousiasme est plus grand encore que dans la matinée. On a surtout été impressionné par la force et la conviction avec lesquelles le Prince a parlé.

L'énergie semble, du reste, avoir été de bonne heure le trait principal du caractère de Son Altesse. Le marquis de La Valette nous raconte qu'il y a environ dix ans, il se trouvait avec l'Impératrice et le jeune Prince, alors âgé de huit ans, dans une excursion en mer, lorsque le yacht Impérial fut jeté par un coup de vent sur la côte de Saint-Jean-de-Luz. L'embarcation faillit être brisée en abordant. Le péril était tellement réel que le pilote ne put être sauvé. A peine échappée au danger, l'Impératrice, toute émue, serre son fils dans ses bras : « Louis, as-tu eu peur ? » lui dit-elle. Et l'enfant, tout glacé par le froid de l'eau, répond d'un ton calme : « On n'a pas peur quand on s'appelle « Napoléon. »

M. de Brissac vient appeler les délégués de la Mayenne. Je présente ces messieurs au Prince Impérial, qui serre la main à chacun d'eux et nous exprime sa reconnaissance pour les nombreux témoignages de dévouement qui lui parviennent de notre département. En effet, j'ai remis le matin au comte Clary les cartes et les adresses envoyées par nos concitoyens.

L'Impératrice nous reçut à son tour avec cette grâce si digne et si touchante qui la fait aimer de tous ceux qui l'ont approchée.

En quittant Leurs Majestés, nous retrouvons Mme Lebreton, une compatriote de Château-Gontier, qui a suivi l'Impératrice en exil, et qui s'est attachée à son infortune avec un rare dévouement.

Nous restons encore quelque temps à causer dans les salons. J'y retrouve le docteur Corvisart, qui raconte à quelques amis les derniers moments de Napoléon III. Un des

médecins anglais qui ont assisté à l'autopsie nous parle de
la maladie de l'Empereur, des souffrances qu'il a endurées
avec tant de patience. « On ne peut pas se figurer, ajoute-t-
« il, les tortures que l'Empereur a dû supporter durant les
« cinq heures qu'il a passées à cheval sur le champ de
« bataille de Sedan. L'amputation d'un membre ne pourrait
« en donner l'idée. »

Et c'est sous le coup de telles douleurs que Napoléon III
est resté avec ses troupes sur le champ de bataille, les
encourageant de sa présence sous une grêle d'obus, se pro-
menant parmi les tirailleurs stupéfaits de son audace, et
s'exposant tellement au danger que ses ennemis eux-mêmes
en furent émus. Ah ! le Prince Impérial avait bien le droit
de dire que la dernière journée de l'Empereur sur la terre
de France a été une journée d'héroïsme et d'abnégation.

À sept heures du soir, le défilé n'était pas encore terminé,
et un grand nombre de personnes attendaient encore dans
le parc. Il fut alors décidé que la réception serait suspendue
et que la présentation des visiteurs qui n'avaient pu être
encore admis continuerait le lendemain mardi.

Avant de se séparer, la foule s'est massée sous les fe-
nêtres du Prince Impérial et l'a salué d'un long cri de
« Vive l'Empereur ! »

Nous regagnons à pied le chemin de fer. Des trains spéciaux ont été organisés pour nous ramener à Londres.

Dans la soirée, nous recevons des télégrammes de Paris ;
tous constatent l'immense impression produite en France
par le discours du Prince. Dans les rues de Paris, la foule
assiégeait les marchands de journaux comme autrefois lors-

qu'on attendait le discours de l'Empereur. Mais nulle part l'ordre n'a été troublé.

Dans les faubourgs, les ouvriers, sans ouvrage depuis trois ans, voulaient descendre dans Paris en oriant : « L'Empire ou du travail ! » Les efforts des chefs Impérialistes ont réuss à empêcher cette manifestation. Avant tout, nous voulons l'ordre et le respect de la loi.

Je suis retourné le mardi à Chislehurst pour prendre congé de l'Impératrice et du Prince Impérial.

Leurs Majestés venaient de recevoir la visite du duc d'Edimbourg, fils de la Reine d'Angleterre et de sa jeune femme, fille de l'Empereur de Russie. La Duchesse était chargée d'annoncer au Prince Impérial et à son auguste mère la prochaine visite de l'Empereur de Russie.

Les Souverains étrangers continuent à affluer dans la modeste campagne de Chislehurst, comme ils venaient autrefois au palais des Tuileries. C'est que, aux yeux des cours européennes, les Napoléon représentent la véritable dynastie française et le seul gouvernement qui ait des chances de s'établir dans notre pays et d'y clore l'ère des révolutions,

---

Telle a été, Monsieur, la journée du 16 mars. Il me reste à en préciser la signification. Elle ressort toute entière des événements que notre malheureux pays a traversés depuis trois ans.

En effet, depuis le 4 septembre, la France a été tour à tour gouvernée par tous les partis qui la divisent. Toutes les factions ont successivement tenu le pouvoir, essayé leurs forces, montré leur impuissance.

D'abord ce fut la République révolutionnaire, le gouvernement des avocats et des orateurs de café. Période sinistre durant laquelle Gambetta et ses amis ont gaspillé suivant leur bon plaisir et l'argent de la France et le sang de ses enfants. Je n'ai pas besoin de vous rappeler comment nos braves soldats étaient envoyés aux armées à peine vêtus, sans souliers, souvent sans pain, pour mourir de froid et de privation le long des routes ; comment on refusait aux mobiles de nos pays les fusils qu'on gardait pour armer l'émeute, ni comment on a laissé périr dans les boues du camp de Conlie une armée qui pouvait être le salut de la France. Le pays s'est soumis à tout cela, parce qu'il ne pensait, lui, qu'à combattre l'invasion. Mais, à la paix, la réaction devait se produire.

Les élections du 8 février vinrent renverser le gouvernement de Gambetta et des avocats qui avaient consommé la ruine de la France. Le pouvoir fut placé dans les mains de hommes modérés ; on fit l'essai loyal de la République. Beaucoup de personnes se flattaient de réunir toutes les forces conservatrices du pays sous un gouvernement anonyme, et de désarmer les partis avancés, les hommes violents, par des concessions. C'était la politique de M. Thiers.

On avait oublié que les pouvoirs forts peuvent seuls être libéraux. De la part des autres, les concessions ne paraissent que des actes de faiblesse ; elles encouragent les ennemis de l'ordre public au lieu de les désarmer. Aussi le radicalisme, vaincu après la Commune, ne tarda pas à relever la tête, et prit à Paris sa revanche du gouvernement par l'élection de Barodet. Ce fut l'échec de la politique de M. Thiers et la démonstration de son impuissance.

La défense de l'ordre public fut alors confiée au maréchal

Mac-Mahon, à celui que le Prince impérial a si justement appelé le compagnon des gloires et des malheurs de Napoléon III.

Certes, personne ne respecte et ne vénère plus que moi l'illustre maréchal ; car je me souviens qu'il a mêlé son sang à celui de ma famille sur les champs de bataille de nos grandes guerres. Mais il faut reconnaître que son avénement au pouvoir a ouvert la voie à de nouveaux dangers.

Le gouvernement s'est trouvé dans les mains des légitimistes et des orléanistes, et les tentatives royalistes ont aussitôt pris naissance. Jamais la Restauration ne s'était présentée avec un concours de circonstances aussi favorables ; la réconciliation était faite entre le comte de Chambord et les princes d'Orléans, les fusionnistes avaient la majorité dans l'Assemblée ; ils dirigeaient l'administration et ils étaient assurés que l'armée, par esprit de discipline, ferait respecter les décisions de la Chambre. Néanmoins la Restauration a échoué.

Elle a échoué devant l'animosité nettement exprimée de la France entière, devant l'hostilité évidente de l'Europe. Car il ne faut pas se le dissimuler : la Restauration des Bourbons, c'est *la guerre*.

Les puissances monarchiques qui, en 1815, voyaient dans le retour de Louis XVIII un gage de sécurité, ces mêmes puissances, devenues aujourd'hui constitutionnelles et libérales, comprennent que la restauration d'Henri V serait le signal d'agitations sans fin dans l'Europe entière.

Ainsi la République violente, la République conservatrice et la monarchie des Bourbons ont été tentées, et tentées dans les conditions les plus favorables, et aucune d'elles n'est parvenue à s'établir.

Alors on a senti le besoin d'une trève et le septennat a été voté.

Mais la perspective de sept années de repos ne pouvait suffire à rassurer la France. Elle s'est demandé si le dernier jour des pouvoirs du maréchal ne serait pas le signal du renouvellement de toutes les tentatives avortées. Elle s'est demandé ce que deviendraient sa sécurité, sa fortune, son droit indiscutable de disposer d'elle-même au milieu de cette lutte acharnée des factions, de cette mêlée confuse de toutes les ambitions.

La nation s'est demandé si la forme républicaine serait assez puissante pour la défendre à la fois contre ces deux périls auxquels elle a failli succomber, et qui la menacent encore : le drapeau blanc et le drapeau rouge.

En effet, si la démocratie française revêt la forme républicaine, elle ne peut exclure du gouvernement aucun des partis politiques, Suivant le hasard des élections, le pouvoir tombera tour à tour dans les mains des royalistes ou des radicaux.

Sous l'impression d'une restauration monarchique imminente, le pays n'hésitera pas à nommer une Assemblée radicale. Lorsqu'il verra reparaître la menace de la Commune, il se rejettera, comme au 8 février, vers les candidatures royalistes. Et, ainsi ballotée sans cesse entre deux régimes extrêmes, marchant au hasard, sans but et sans espoir, vers une destinée inconnue, la nation perdra, dans ces oscillations politiques, le respect des lois, le goût du travail et la confiance dans l'avenir.

De là, la pensée de donner à la démocratie une forme plus stable qui, en garantissant les droits de chacun, empêche le pouvoir de tomber entre les mains des factions. Telle est la raison d'être de l'Impérialisme.

Voilà pourquoi, en voyant ourdir un projet qui enlèverait les droits d'électeurs à trois millions de Français, le pays s'est rappelé qu'il existait une famille, sortie des rangs du peuple, élevée au trône par lui pour protéger et défendre les droits de la démocratie.

C'est donc pour rappeler à l'héritier des Napoléon, que des millions de suffrages lui imposaient le devoir de prendre en mains la cause de la souveraineté nationale que les délégués de tous les départements français se sont réunis à Chislehurst.

Affirmation du suffrage universel, protestation contre toute tentative de le mutiler ou d'en usurper les droits, telle est la véritable signification de la manifestation du 16 mars.

Maintenant, vous me demandez, Monsieur le Maire, si le Prince Impérial est en état de remplir cette lourde tâche.

Lui-même vous a répondu par cette simple parole, prononcée avec toute l'énergie de sa race : « Je suis prêt. »

Et en effet, il est prêt à prendre la direction du grand parti national, ce Prince, qui a reçu dans l'exil les leçons de Napoléon III, c'est-à-dire suivant l'expression du *Times*, du premier homme d'Etat français de notre époque.

Une instruction sérieuse, la fréquentation constante des hommes les plus éminents, la conscience des devoirs qui lui incombent, ont de bonne heure mûri l'esprit du Prince Impérial.

Ce n'est pas d'ailleurs par le nombre des années que se

chiffre l'expérience d'un homme, c'est par les épreuves qu'il a traversées.

Nous pourrions admettre jusqu'à un certain point l'objection que nos adversaires tirent de la jeunesse du prince, si une longue période de temps s'était écoulée depuis le renversement de l'Empire, si les hommes d'Etat du dernier règne avaient disparu, si, en montant sur le trône, le quatrième Napoléon avait à rechercher les éléments d'un gouvernement, à choisir ou à arrêter une nouvelle politique.

Mais il n'en est pas ainsi. Quatre années nous séparent seules du dernier jour de l'Empire ; la plupart des ministres d'un règne prospère sont encore en état de prendre part au gouvernement ; le Prince Impérial a autour de lui tout un personnel d'hommes d'affaires capables, expérimentés, connus de tous par le développement inouï que leur administration a donné à la richesse publique. Le rétablissement de l'Empire ne serait donc pas une expérience à tenter, mais au contraire la continuation d'un régime que nous avons tous vu fonctionner, et dont nous ressentons encore les bienfaits.

Nous avons vu réuni à Chislehurst ce que les divers partis cherchent en vain à constituer à Versailles, un gouvernement complet. Ce gouvernement, tout prêt à fonctionner, est une garantie certaine pour les débuts du règne, et servira à initier aux affaires et à instruire de son expérience les hommes nouveaux que l'Empire appellera à participer au pouvoir.

C'est là un grand point, car il est nécessaire pour un peuple de maintenir dans son administration une sorte de tradition gouvernementale, sans cela il reste exposé aux tâtonnements des apprentis hommes d'Etat, et paye chèrement les frais de leur éducation politique, comme nous le faisons depuis trois ans.

La situation vis-à-vis de l'étranger ne sera pas moins favorable au troisième Empire. Les témoignages de sympathie que le Prince reçoit dans son exil de tous les souverains de l'Europe, la conviction partout répandue que l'Empire est le seul régime qui convienne à la France, sont une garantie certaine d'une paix qui sera longue et honorable.

Vous le voyez, Monsieur le Maire, à tous les points de vue le rétablissement de l'empire présente des gages sérieux d'ordre, de paix et de prospérité, mais cette restauration ne peut venir que de la volonté de la France.

Les Impérialistes n'imiteront pas les intrigues des fusionnistes, ils ne chercheront pas à troubler le pays; ils ne refuseront jamais leur concours à la cause de l'ordre et au Gouvernement du Maréchal.

Le Prince Impérial restera le défenseur de la souveraineté du peuple; il sera là comme une vivante protestation contre toutes les usurpations qu'on médite; et s'il doit un jour régner sur la France, il ne recevra la couronne que de la volonté librement exprimée du peuple français et des nécessités du salut social.

Tels sont, Monsieur, les principes, les ressources, les espérances et la foi politique de ceux qui viennent de se réunir à Chislehurst.

Je crois que les manifestants du 16 Mars ont indiqué nettement la voie qui peut nous sauver; ils y seront certainement suivis un jour par la France entière.

J'ignore à quelles résolutions s'arrêtera le pays librement consulté, mais nous serons, nous, les défenseurs du verdict populaire, quel qu'il soit :

EMPIRE ou RÉPUBLIQUE.

Agréez, Monsieur le Maire, les assurances de ma considération très-distinguée et de mes sentiments d'amitié.

DUC D'ABRANTÈS.

Le Bailleul, ce 15 avril 1874.

____

Paris.— Imprimerie Moderne, Barthier, d', rue Jean-Jacques-Rousseau, 61